AF276234

```
      S
     DE
      M
      I
ABULIA
      L
      A
```

SEMILLA DE ABULIA

Nikol Cala

Valparaíso
EDICIONES

VALPARAÍSO POESÍA

Diseño de interior y maquetación: Chari Nogales
www.charinogales.com @chari_nogales

Ilustración de portada e interiores: F L C H R O J A
@flecharojaa

Primera edición: octubre de 2024

© De los textos: Nikol Cala (@Kaalashnicov)

© Valparaíso Ediciones
C/ Fray Leopoldo, 7 bajo, 18014 Granada
www.valparaisoediciones.es

ISBN: 978-84-10073-81-4
Depósito Legal: GR 1376-2024

Impreso en España - *Printed in Spain*
Gráficas Gami

A la muerte que me ha dejado vivir
un poco más.

A Abba,
a los que me acompañan,
a los que ya no están y me enseñaron
que de la maleza crecen letras.

PRÓLOGO

UNA POÉTICA DE LAS DEMOLICIONES Y LOS FRAGMENTOS

Conocí a Nikol Cala en plena pandemia. Fue en el marco del Taller Distrital de Poesía de Idartes, ese mismo que tuvo que trasladarse a las ventanas de la virtualidad para poder realizarse sin los contratiempos que demandaba la perplejidad de esos días. Desde la primera lectura de sus poemas tuve la certeza de estar frente a una voz muy fresca, original y cuyos acentos daban cuenta de muchos matices y expresiones que eran fieles a un tiempo y a un momento no solo de su propia vida sino de todos los que estábamos compartiendo, de muchas maneras, una tragedia común en la pandemia. A partir de allí, las conversaciones, las pequeñas tutorías, los intercambios epistolares confirmaron que estaba frente a una poeta que ha sabido desnudar sin desparpajo y en la más absoluta honestidad sus más profundas emociones, preocupaciones y obsesiones vitales que la han llevado a escribir una poesía, que desde la intimidad y el desasosiego, viene a traer una luz intensa, nueva y vigorosa a la reciente poesía colombiana.

Semilla de abulia es su "ópera prima", su primera y acertada apuesta de compartir con los lectores su manera de mirar e interpretar el mundo. Es un libro donde el lector no solo encontrará la enfermedad, la soledad y el miedo como andamios donde sostiene su voz sino como una crónica vital donde los signos de este tiempo adverso para la belleza y el asombro encuentran en la palabra, en las trasgresiones con las formas tradicionales de enfrentar el hecho poético y con las rupturas y fragmentaciones algunos de los mejores refugios para hacer del universo de la intimidad y lo privado una declaración de lealtad a las palabras y al lenguaje como instrumentos de acción de la poesía de siempre.

Así
como está
tu habitación
está tu mente

De esta manera y con estas palabras empieza el libro y estos versos parecieran retumbar en la memoria del lector y se repiten como un mantra. Son las palabras en el hospital que parecieran responder al poema *Love in The Asylum* del gran Dylan Thomas cuando declara su amor en medio de la noche del hospicio esperando la visión que incendie todas las estrellas. En *Semilla de abulia* no encontramos esas palabras precisas para el amor, pero, en conjunto, este libro sí se constituye en un testamento del afecto y la sensibilidad. Es una declaración de amor a la vida a pesar de las catástrofes y caídas.

El libro, dividido en cuatro partes (Asilo, Reclusión, Clausura y Confinamiento), lleva al lector por un itinerario exacto y preciso del dolor y la soledad. No solo vamos juntos por el asilo sino por la vida como un inmenso confinamiento, una infinita cuarentena que con peste o sin peste siempre nos lleva a vivir bajo una amenaza, como si la espada de Damocles estuviera permanentemente atenta a caer sobre nuestras fragilidades:

Del cuero cabelludo
sale lava
huele a vello chamuscado en leña

Los versos anteriores son un claro ejemplo del talento que tiene Nikol Cala para invocar la imagen poética y hacer de cada verso una sensación plástica, de texturas y palpitaciones al tacto porque sabe bien poner sus sentidos al servicio de su voz poética, así como:

la planta de mis pies
  marcada con herrado caliente
como ganado
          para recordar a quien le pertenezco

O, también en el poema *Cosecha de dientes* donde afirma que:

me los trago para saber si las semillas de mis dientes nacieron
o necesitan más agobio
para reventar

La poeta sabe bien que, de cada muerte, de cada cicatriz hay una nueva forma de nacer y por eso los dientes pueden reventar porque o nacerán de nuevo o formarán un nuevo rostro. Los sentidos se exacerban y en especial el oído en el poema Conticinio esa hora que según la RAE es la "Hora de la noche en que todo está en silencio". El lector advertirá todo lo que la sensibilidad de la poeta percibirá a esa justa hora del silencio en los que múltiples sonidos se escuchan en las habitaciones contiguas en el hospital. Es una forma de escuchar lo indescifrable no solo del dolor humano sino de sus derrumbes y fracasos

Siento que Nikol Cala representa en su primer libro esa nueva manera de mística contemporánea que muy bien han sabido traducir algunos de los más destacados poetas jóvenes del país y es asumir el mito desde lo plural, desde la rebeldía y la denuncia, pero también desde lo sagrado que significa esa comunión con lo cercano, con el cuerpo y ese cuerpo que se lee como un texto sagrado donde quedan grabadas las derrotas y también los altares para cada cicatriz. El cuerpo es el otro lugar para el confinamiento, es el hogar seguro y la casa infinita. La palabra fragmentada y dividida, la disposición del poema sobre la página en blanco no es un corte de verso arbitrario ni una distribución gratuita de las palabras como imagen. Es una representación de su propia sensibilidad y voz poética donde la poeta recogió sus propios fragmentos con la delicadeza, la inocencia y la rabia que dejan los claroscuros y las intermitencias de cada incertidumbre y de toda orfandad. Siento que se trata de lo que podemos reconocer como una poética del detenimiento y la ruptura porque es esta forma de habitar los espacios vacíos los que crean una gramática de lo simbólico donde los escenarios para comprender la aventura de vivir entran en comunión con los estados mentales, emocionales y corporales. Todos ellos como territorio de una poesía donde el instinto y la intuición convocan a la lucidez y sus heridas como fuente de la expresión poética. Así Nikol Cala hace su apuesta y salta al vacío sabiendo, de antemano y para siempre, que su propio canto la salva y nos conmueve.

FEDERICO DÍAZ-GRANADOS
MARZO DE 2023

ASILO

EXTENDER LAS SÁBANAS

Así
como está   la psicóloga repite en cada sesión
tu habitación
está tu mente   Así
                       como está
          arréglala   tu habitación
          arréglate   está tu mente

          levanta el piso
          guárdalo en el closet

Así
como está
tu habitación
está tu mente   tiende la cama
                       cambia sábanas   Así
                       recuerda el psiquiátrico   como está
                                                    tu habitación
                                                    está tu mente

levántate a las cinco de la mañana

21

escucho el sonido de los pájaros
Así   si ven que no duermo
como está   aumentan mi dosis
tu habitación   no sé si mirar a mi alrededor
está tu mente   en la cámara se ven mis movimientos

cincodelamañanaenpunto   Así
alcanzo el agua caliente   como está
la puerta no tiene chapa   tu habitación
hace días no me veo   está tu mente
no hay espejos

tiendo la cama   mi mente no está bien

____+

        Mis ojos son pepas
como las que tomo
         si me las pongo en los ojos
        soy químico
        dejo de ver desgracia

     si me tomo los ojos
     dejo de ser pepas
            blanco/agotador
volverme medicamento
               ardo

   dejar de ser
       convertirme en ansiolítico

TOSER CON LA BOCA CERRADA

Abro la boca
paso saliva

                    "Muestre debajo de la lengua"
me observan hasta el estómago

abro la boca
levanto la lengua
tengo un mal sabor
no soy capaz de pasar saliva

abro la boca
saco la lengua
me arde
                toso
caen cenizas

SUDOR

Sudo
muevo el cuerpo
trato de desprender las costillas
       el inicio   soy la costilla derecha

el cuello

           Tra

           que

           a

                      Sudo

sale humo de mis oídos
me tapo cada orificio
no me alcanza
la ropa   se   vuelve   mi   piel

          u

         d

          o

GLOBOS DE HELIO EN MI GARGANTA

Paso saliva   van a estallar
respiro   se inflan
están llenos
de cada palabra que nunca salió de mi boca
van a estallar

la úvula se balancea
como la infancia en columpio
o como
                        r   a
                          y
                          u
                          e
                        l   a
un paso mal
explotan

floto

        e   s   t   a   l   l   o
c
        a
            e

lo que no se dijo

INSTITUCIÓN

Al salir del psiquiátrico
firmé un acuerdo
               la libertad
                  por
          mi nombre por siempre
             en la ropa
                     la planta de mis pies
                 marcada con herrado caliente
                          como ganado
        para recordar a quien le pertenezco

ABRAZ(S)AR

Abro

        solo puedo ver el techo

cierro

      no puedo moverme
   inhalo
toda la cama se mueve

               exhalo
   dejé de levantarme hace días
      el colchón me abraz(s)a
  no quiero irme
   me quemo
las sábanas se prenden

  inhalo
   ya no quiero soltar el aire

CALOR ENTUMECIDO

Es de madrugada
no siento los pies
los dedos se mueven como gusanos
pero están entumecidos
(Well I can ease your pain
Get you on your feet again)[1]

Del cuero cabelludo
sale lava
huele a vello chamuscado en leña
(My hands felt just like two balloons
Now I've got that feeling once again)

Adentro arde

Afuera dejé de sentir

---

[1]Pink Floyd. (1979). Comfortably numb. En *The wall* [CD]. RU: Harvest Records.

CAQUEXIA DE MEDICAMENTOS

El corazón resuena en el tímpano
mi piel como el chicle pegado debajo de la silla
que no puede estirar
lo sostiene
mis músculos están en mi contra
la mesa de noche
carga con mi desespero
las gotas prefiero pasarlas sin agua
aprendí a saborear
lo que me tiene en el limbo
los colores de las pepas
son opacos
succionan
a veces pierdo la cuenta
las pongo bajo la almohada
son mis quitapesares
al tomarlas
me despojo de las angustias
soy quien quisiera ser
no me da miedo el espejo
las trituro
la nariz arde
igual
me estoy matando
con lo que me mantiene viva

RECLUSIÓN

CONTICINIO

Nadie descansa
peso muerto
horas que retroceden
los días aprenden maromas
se escalabran
oigo a las personas pasar saliva
la noche guarda silencio
lalechuzalalechuza
hay una gotera
poic
poic
poicpoic
se distorsiona el reflejo del hierro en el charco
los pies tienen hongos
la humedad cala en la piel
me quiero quitar la costra
tengo las manos vendadas
shhhhhhh
rechina la cama
le faltan tuercas
aguanto la respiración
…sieteochonuevediez…
me ahogo
tomo aire
va de nuevo
a la misma hora
de cada noche

...

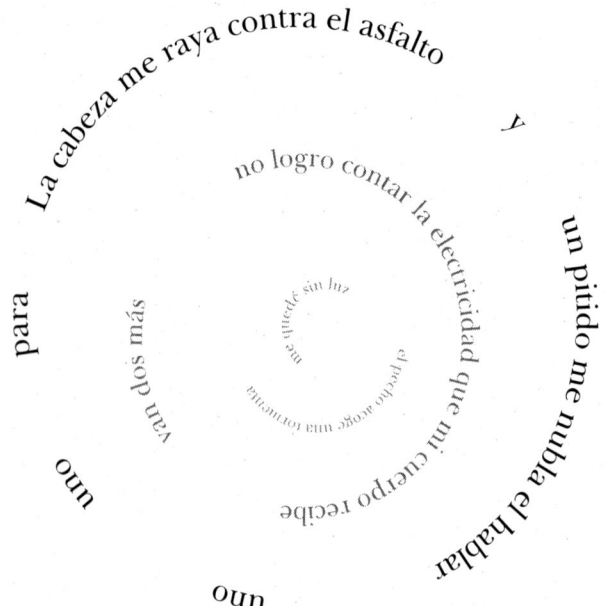

La cabeza me raya contra el asfalto

y

no logro contar la electricidad que mi cuerpo recibe

un pitido me nubla el hablar

el pecho acoge una tormenta

me quedé sin luz

para

van dos más

uno

oun

uno

FUGA

Tengo un   <u>tic</u>   en el ojo

siente el desespero

    <u>tic</u>

                                   se quiere volar

                 le ponen comparendo

las manos me cubren la cara

         aprietan   <u>tic</u>

         quiero detener mi cuerpo

~~dejo de respirar~~

  <u>tic</u>

     la piel se essssscuuuuuurreeeeeeeeeeeeeeeeeeeeeeeeeee

        pies líquidos

                         se van por la tubería

<u>tic</u>

        Qué hace mi mente para salirse de mí

         el encierro lo siento en la cabeza

A LA TIERRA ÁRIDA
LE CRECEN ANGUSTIAS

El estrés llega a los dientes
oigo cómo quie
                          bran
        ca
              en
de a pedazos los trago
Les da miedo salir
se acostumbraron a estar dentro
que cuando abro la boca
prefieren desaparecer
Las raíces c
              u
                 e
                   l
                      g
                         a
                            n

no saben aferrarse
Me crece un árbol
de desespero en el estómago

ATRACO DE UN CAMIÓN DE NUBES

Es más sencillo soñar que me tomo las nubes
conseguir la leche es arriesgar la vida

      me quito la mano para alcanzar
     un puñado de leche en nube
      el resto lo guardo en los bolsillos para mi familia

a
la policía
no   T   s
le gusta   a   a
          s   T   las calles
                                  se vuelven
                                  blancas
                              derraman
                                     el cielo

            y sigo sin comer

COSECHA DE DIENTES

"No te pases el chicle porque se te queda pegado
　　en el estómago"
　　　　　　　　　Mi mamá siempre decía lo mismo
yo hasta me dormía con el chicle en la boca
pero no lo pasaba
quedaba ahí
quería sembrar un árbol de Motitas dentro
con ramas que carguen los frutos de chicles
cuadrados
amarillos
de diferentes sabores que terminan siendo el mismo
comer todos los que quiera
hasta volverlos una bola enorme
imposible de masticar
y que la mandíbula des

　　　　　　　　　　　en

　　　　　　ca
　　　　je

　　　　　　del dolor

　　　　soooooplarlos
　　　　　　　　hasta que exploten
　　　　　　olvidé eso ya de grande
porque mis dientes quisieron resguardarme

a veces me quito los ojos
me los trago para saber si las semillas
de mis dientes nacieron
o necesitan más agobio
para reventar

CADUCIDAD

Amarro las manos al flujodepensamiento
coloco puntillas en las yemas de los dedos

                          m a r t i l l o

la piel tiene fecha de vencimiento
    no puedo ser tomada

                          m e p a r t o

       me salen grumos
Olvidé qué se siente tocarme
      me volví ajena

LA MADRE DE LA UÑA

Escarbo
se me ca

         en
los dedos
recojo

     u   ñ   a

          p o r

             u   ñ   a
las pego a su lecho
levanto la tierra
para cavar mi sepulcro

LA VISERA DEL CASCO
QUE SACA CHICHONES

El mayor miedo cuando tomaba
eran los ladrones
guardaba el celular en las tetas

rogaba un policía cerca
que me protegiera

"la estación va a cerrar
el último servicio ya pasó
puede quedarse conmigo
la cuido hasta mañana"
después
un bolillazo en la pierna
"¿no cabe perra hijueputa?"

un golpe
reventar la boca
entender que el mayor miedo
de vivir en la ciudad
no solo era que me cogieran mal parqueada en las calles
ni que me cascaran

es caer en un CAI
que con mis gritos

prendan fuego
escuchar burlas
plegarias de mi madre

y
salir deshecha

OLLA A PRESIÓN

Nunca he podido entrar a la cocina cuando suena
tsssssssssssssssssssssssssssssssssssssssss
con la incertidumbre rozando la piel
con el Jesús en la boca como decía la abuela
Por el teléfono roto
alguna vez oí que la olla estalló
las arvejas quedaron pegadas al techo
de milagro
no había nadie en la cocina
También me contaron
cómo hacer una bomba con ella
repleta de puntillas
como las recalzadas
con las que nos matan
En tiempos turbios
me obligo a dejar mi miedo por el estallido
porque las calles arden
mis amigos desaparecen
y día a día
me despido como si fuera la última vez
que veré a mamá
Vivo
—de milagro—
en un país como la olla a presión
con la tapa mal puesta

que no demora
en dejar la comida pegada por todo lado

pero esta vez
todos estamos en la cocina

CLAUSURA

COLOSENSES 3:5

"Si confesamos nuestros pecados, Dios, que es fiel y jus-
to, nos los perdonará"

decido no hablar
muerdo mis labios
corté mi lengua

"Si confesamos nuestros pecados, Dios, que es fiel y jus-
to, nos los perdonará"

tragué la sangre
cae de a gotas
donde no puedo cubrir

"Si confesamos nuestros pecados, Dios, que es fiel y jus-
to, nos los perdonará"

las letras huyen
adivinan su destino
el confesionario huele a azufre

~~*"Si confesamos nuestros pecados, Dios, que es fiel y jus-*~~
~~*to, nos los perdonará"*~~

el pecado es inhalado
se hacen grietas en la piel
me carbonizo
por impía
no soy absuelta

SELLAMIENTO

No puedo dejar de tocar el piso
estoy sobre piedra hir viendo

dónde queda el infierno

los pasos afuera de mi habitación
v   a   n
i
e
n
e
n
no desaparecen
cuando no suenan
siguen ahí

Las paredes sudan
g
o
t
me coso la boca   e
con las hojas   a
que deben hablar   n
por mí

MUJER VIRTUOSA

"Y con voluntad trabaja con sus manos."
PROVERBIOS 31:13

Resulta más sencillo
escribir con
la punta de los dedos

              amputada

                        que sentir deseo
                      desde la conciencia

Dios toma mis manos
  las maneja a su   <u>voluntad</u>

            mi único fin
      es dejarme tocar por Él

DESHILACHAR LA CARNE

Pellizco mis manos
hasta agarrar un pedazo de piel
no recuerdo si vivo
                   me des
                     hi
                     la
                     cho

                          parte

                            por

                             parte
                                 la carne quemada
                                          vive

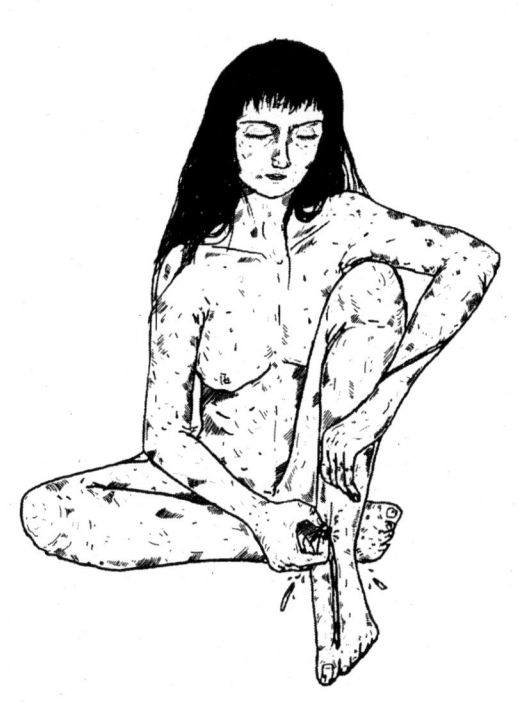

INTERROGACIÓN

Olvidé contar las horas
ya no sé si todavía queda luz

cierro
         el silencio ya no es ajeno
                                 abro
  cierro
         en mi cabeza solo ruido
            abro

el tiempo dejó de ser
convivo con la pregunta

SOY UN OBJETO CORTOPUNZANTE

Borré mis huellas dactilares
para dejar de reconocerme
tumbé mis dientes
porque si desaparezco
no sabrán quién soy
tragué mi lengua de a pedazos
para que mi estomago se repudie de mí
como yo misma lo hago
a mis ojos los callé con bóxer
para doparme con el olor
y olvidar a quién le pertenezco
me obligo a que el vómito
no salga por mis labios cosidos con cabuya
para que los ácidos me destruyan por dentro
A veces imagino quedarme sin cuerpo
de tanto dolor que soporto
pero mi mente continúa
oxidada a una cadena
que rasguña mi piel
Aunque no hable

                  no escuche

                                  ni vea

              o camine
mi obligación será perpetua

MAL SABOR DE BOCA

La lengua sobre el sarro
                          saboreo al interior
rasco los dientes
                  los pego a la pared
el rastrillar de las uñas
suena un pitido en el oído
están inflamadas
no lo sé
no puedo verme
las pincho con una aguja
se sienten como gelatina
se derriten
me sangran las encías
aprieto los labios
se parten
quito los cueritos
a la espera
de quitarme las palabras

ANHEDONIA

Dios se demora picando la cebolla
le lloran los ojos
alguna vez le contaron que comer chicle evitaba el ardor
se corta el dedo índice
chupa la sangre
no para
le echa la madre al filo
se arrepiente por no pedir domicilio
el arroz chino vale 30
le faltan cinco
no fían
hoy no
mañana sí
mueve la cajetilla
le quedan dos cigarros
prefiere amurarlos
no aguanta
saca uno
lo prende en el fogón
el bricket se lo robaron en una farra
o lo dejó tirado
no recuerda
tiene guayabo
le duele la cabeza
no hay acetaminofén

la sartén se está quemando
si cierra ventanas
se ahoga con el humo
quiere intoxicarse
para ser poeta
el Gmail lo tiene lleno de correos sin abrir
selecciona todo
los borra
no los lee
no sabe quién le pide ayuda
que le dejen una llamada perdida al celular
siempre lo tiene en silencio
no encuentra el cargador
ya no pone alarmas
el sonido lo asusta
nunca se levanta temprano
le cuesta salir de la cama
no sabe por qué está hoy en la cocina
los vasos están sucios
le da pereza lavar la loza
pega la boca al grifo
no sale nada
una gota
tacaños
se le olvidó pagar el recibo
perdió la cédula
y las llaves
en otra farra

ahora no puede salir de la casa
da igual
casi no lo hace
a veces se pone un zapato distinto en cada pie
no es capaz de amarrarse los cordones
le pesa el cuerpo
también la vida
le echa la culpa al horóscopo
siempre es culpa de mercurio retrógrado
quiere volver a la cama
no sabe qué hora es
se le acabó la pila al reloj
marca las cuatro y cuarenta y ocho
dios ya no tiene uñas para comerse
le arde la punta de los dedos
encuentra un cigarrillo casi partido en el sofá
qué gangazo
se sienta en el balcón
a rogar que se apiaden de él

CONFINAMIENTO

PAISAJES

Las raíces del árbol que no nace en estas tierras
se recogen
para escapar
Como los pies atrapados
en zapatos más pequeños que ellos
desesperados por salir
A veces
la raíz que logra respirar
sale de la tierra húmeda
que en segundos se seca
absorbe su alrededor
                              y lleva consigo

                                                    una mano
una pierna
                        un dedo
                                                    una uña
                        una cabeza
El pino extranjero
suplica perdón
a cada hueso roto
que se vuelve polvo en su regazo
Quien se asoma a la ventana
encuentra paisajes
de cuerpos desmembrados

SABORES PRIMARIOS

De tin marín de do pingue

Cuatroscientos cincuenta botas pisan la trocha

cucara macara títere fue

un avión fantasma corre por el cielo

levanta la tierra

ese marrano cochino

suena la tambora

empieza el carnaval

fue usted

el número veintiuno

se gana la lotería

anillo pulsera
tú la
que
das

EN EL CUENCO DE MIS MANOS

Me cortaron los dedos
pero no cayó sangre
arrancados de raíz
bajo la cosecha solo queda lo que fuimos

entregaron el nombre de mi tierra
le taparon la garganta
quemaron la boca

mis pies sintieron por última vez las migajas
   de donde vengo
       de donde fui
no puedo contar las veces que me escupieron
la saliva cortó mi piel

las balas ríen
juegan con mis vestiduras
corren
se incrustan en la tierra

a mi madre le sangraban los pies
de tanto caminar por el pueblo
hasta que se los cortaron

tomo un puñado
y la tierra cae a pedazos

como las horas contadas
de quien todavía espera

¿La patria vale
el vacío del cuenco
de mis manos?

ÁBACO

Aprendí a sumar
con los dedos cla   ados en la tierra
            v

        t   r   e   s
    c   i   n   c   o
     s   i   e   t   e

                 cuento las cabezas
                   en las estacas

           o   c   h   o
             de la noche
     toque de queda

      corro de los
  n   u   e   v   e
     años
   prefiero contar mis dedos
   a tener un fusil entre ellos

EL PAQUETE DE PAPITAS

La felicidad
era encontrar un paquete de papas en la maleta
mi mamá se esforzaba
                    la plata salía corriendo por los bolsillos rotos
                        la última vez que un paquete fue abierto
                                        escuché
                                    "prostituta guerrillera"
                me cosí la cuca
                dentro de ella
                quedó el paquete

SANTO REMEDIO

Las maticas dejan de crecer
prohibieron llorar
ya nadie las riega
suelo estéril

florece la siembra de lágrimas

silenciosas

en la tumba

del pueblo

entero

una planta

sale de la boca del desaparecido

HUELE A PASTO RECIÉN CORTADO

Cuando paso al lado de la guadaña
corro
caen piedras en la cabeza
me salen chichones
al oírla
no paso por ahí
espero a que el sonido
cese

mi abuelo tenía una guadaña
no le tiraron piedritas a la cabeza
le ahuecaron la vida
prefiero pensar que le tenía miedo
como yo

MATACHINES

En semana santa
descuelgan a Jesús de la cruz
se astilla los dedos
la mamá besa sus manos
antes de desaparecer sus huellas
reducido en ácido
Jesús pierde la identidad
es NN
con la cédula reclaman mercado
                    no le entra el zapato en el pie derecho
le prohíben comer carne
no le alcanza la plata para el pescado
tiene afán
                    tic tac tic tac
la policía le dice que debe esperar las 24 horas
para reportarlo como desaparecido
no encuentran el cuerpo de Jesús
debe resucitar para el domingo

ACHARIACEAE EN LUTO

Con la corriente baja la flor que decide nadar
el río está bajito
los niños descalzos juegan en la orilla
la chalupa tambalea al son de las risas
mientras la atarraya se tapa la nariz y sumerge su cabeza
Doña Geo posa sus índices ya sin huella sobre la sien
el agua hace años que no canta
se ahoga
entre tanto suspiro
el cementerio tiene cara de río
por eso las flores caen
mientras adornan la tumba

VIACRUCIS

I estación: ha sido sentenciado a muerte el alba
padre nuestro

II estación: el corregimiento carga la cruz
que estás en los cielos

III estación: cae la vendedora de tintos
santificado sea tu nombre

IV estación: el perímetro está rodeado
venga a nosotros tu reino

V estación: las trenzas están mal hechas
y hágase tu voluntad

VI estación: al son de la tambora es rociado el platanal
en la tierra

VII estación: nadie escucha al guajiro
como también en el cielo

VIII estación: el ocaso acoge en sus brazos la incertidumbre
danos hoy

IX estación: mutilan los dedos con los que se cuentan
los muertos
nuestro pan de cada día

X estación: no hay quien tenga sus vestiduras completas
perdona nuestras ofensas

XI estación: los clavos no alcanzan para todo el pueblo
como también nosotros perdonamos

XII estación: por ahí corre el rumor que es más sencillo
hacerse el muerto
a los que nos ofenden

XIII estación: la madre da teta a sus hijos para cesar el llanto
no nos dejes caer en la tentación

XIV estación: el hogar son las raíces que abrazan el polvo
y líbranos del mal

XV estación: El tamarindo prefiere cerrar los ojos y da
fruto por última vez
Amén.

ÍNDICE